TIC TAC

EMILY HUWS

GOMER

Argraffiad cyntaf—Mehefin 1994

ISBN 1 85902 130 1

ⓗ Emily Huws

Dymuna'r cyhoeddwyr gydnabod cymorth Adrannau'r Cyngor
Llyfrau Cymraeg.

Argraffwyd gan
J. D. Lewis a'i Feibion Cyf., Gwasg Gomer, Llandysul

1.

Safai dyn efo camera ar riniog y drws ffrynt.

'Carl Vogel?' gofynnodd.

'Ie . . .'

'Dyn papur newydd ydw i. Digwydd ffonio'r ysgol i weld oedd yna ryw newyddion. Clywed pam nad wyt ti a Melfyn yno heddiw. Hei! Mae hyn yn sgŵp! Ga i ddod i mewn?'

'Mam!' gwaeddais. 'Mam . . .'

'Mae gen ti enw anghyffredin,' meddai'r gohebydd. 'Cyfenw Almaenig? Oes 'na stori yn y fan yna hefyd?'

'Taid Max,' eglurais yn frysiog. 'Taid fy nhad. Almaenwr ydi o. Peilot yn y *Luftwaffe* amser y rhyfel. Fe saethwyd ei awyren i lawr a chymerwyd o'n garcharor. Aeth o ddim yn ôl i'r Almaen . . . Mam . . .!'

Newydd ddod i mewn i'r tŷ drwy'r drws cefn, wedi bod yn nôl tships inni i ginio, roedd Mam cyn imi fynd i agor y drws ffrynt pan ganodd y gloch.

'Diolch i'r drefn fod y siop ar agor heddiw!' meddai hi. 'Ar ôl yr holl strach fedra i ddim meddwl am ddechrau gwneud bwyd ichi wir!'

Dechreuais chwerthin.

'Be sy'n bod arnat ti?' gofynnodd Mam yn bigog.

5

'Melfyn!'

Eisteddai fy ffrind gorau gyferbyn â mi. Edrychodd yntau a Jemma, fy chwaer fach, arna i'n reit hurt.

'Mae o fel edrych arna fi fy hun!'

Chwarae teg iddi, Jemma oedd y gyntaf i ddeall beth roeddwn i'n ei feddwl ac roeddwn

i'n falch. Dangosai hynny ei bod hi'n dechrau dod ati'i hun ar ôl y sioc.

Dechreuodd hithau chwerthin hefyd.

'Mel yn gwisgo dillad Carl!' chwarddodd.

Meddai Mam gan sodro'r bwyd ar y platiau, 'Be ti'n ddisgwyl iddo fo'i wisgo â'i ddillad o'i hun yn wlyb domen?'

'Mi dynna i'ch llun chi'n bwyta! Llun hapus ar ôl y pryder,' meddai'r dyn papur newydd ar ôl cael gair neu ddau efo Mam. 'A llun arall ohonoch chi allan. Rŵan, beth yn hollol ddigwyddodd?'

2.

Clywed Bruno'n cyfarth yn wyllt ac yn gynhyrfus wnes i. Roedd o wedi rhuthro o 'mlaen i ar hyd y llwybr. Gwyddwn i sicrwydd fod rhywbeth yn bod oherwydd roedd tinc dieithr iawn i'r cyfarthiad. Chlywais i erioed Bruno'n cyfarth fel yna o'r blaen.

Mynd â fo am dro oeddwn i ar fy ffordd i dŷ Taid Max ac Anti Megan. Dyna fyddwn i'n ei wneud bob bore. Mae Taid Max yn andros o hen. Nawdeg rhywbeth, bron yn gant dwi'n meddwl, ac Anti Megan sy'n edrych ar ei ôl o. Mae o'n hoffi cael papur newydd i'w ddarllen ar ôl brecwast. Wel, a dweud y gwir, dydw i

ddim yn siŵr o gwbl ydi o'n ei ddarllen o. Mae o'n troi'r tudalennau ac yn edrych yn hir ar y lluniau beth bynnag. Arferai Anti Megan bicio i'r siop dros y ffordd i'w nôl bob bore. Ond yn y bore mae'r traffig yn drwm ac weithiau mae'n cymryd hydoedd i groesi. Ar ben hynny bydd y siop fel arfer yn llawn a phawb yn galw i brynu hyn a'r llall ar eu ffordd i'r gwaith. Dydi Anti Megan ddim yn ifanc chwaith ac mae hi'n cerdded yn araf felly gallai fod o'r tŷ am gyfnod eithaf hir. Mae Taid Max yn ffwndrus iawn ac mae ar Anti Megan ofn ei adael o ar ei ben ei hun yn y tŷ rhag ofn iddo grwydro allan a mynd ar goll fel y gwnaeth o unwaith neu ddwy o'r blaen. Felly fi sy'n nôl y papur newydd iddo fo bob bore.

Dydi hynny'n ddim trafferth. Mi fydda i'n mynd heibio'r siop ar fy ffordd yn ôl adref. Weithiau fe fydd Melfyn efo fi os byddwn ni'n dau wedi taro ar ein gilydd. Allan yn jogio fydd o. Mae ei gefnder o'n giamstar ar redeg ras ar draws gwlad ac yn cael llwyddiant mawr. Mae Mel yn dyheu am gael mynd efo fo ac felly mae o'n jogio bob bore a nos er mwyn cadw'n ffit ac mae o'n gobeithio cael rhedeg mewn ras cyn bo hir.

Deffrowyd pawb yn ein tŷ ni cyn codi cŵn Caer y bore hwnnw oherwydd fod fan y Bwrdd Dŵr wedi galw i nôl Dad cyn saith ... argyfwng yn rhywle am fod pibell ddŵr wedi byrstio yn ystod y nos. Dyna lle'r oedd Bruno yn crefu am gael mynd allan, felly mi es â fo cyn brecwast.

Fy nghyfrifoldeb i ydi mynd â fo bob bore a nos. Dyna'r amod 'mod i'n cael ei gadw fo. Crwydro'n ddiamcan o gwmpas y cae cicio roedd o rhyw hanner blwyddyn yn ôl bellach— rhywun wedi ei adael o yno'n fwriadol mae'n debyg—ac roedd yr hogiau mawr am fynd â fo at yr heddlu.

9

'Dyna'r unig beth i'w wneud,' medden nhw. 'Does neb isio fo.'

'Rydw i isio fo,' meddwn i.

Roedd o mor ddel, ei flew brownddu'n sgleinio a'i gynffon hir yn chwifio'n falch bob tro roedd rhywun yn cymryd rhywfaint o sylw ohono fel petai'n awyddus i blesio. Roedd o

wedi cymryd ata i'n arw yn ôl pob golwg. Cadwai'n glòs at f'ochr gan ysgwyd ac ysgwyd ei gynffon ac edrych i fyw fy llygaid. Fedrwn i ddim dioddef meddwl amdano fo'n gorfod mynd i ryw hen gartref cŵn. Es â fo adref efo fi, ond doedd Mam na Dad ddim yn awyddus o gwbl imi ei gadw fo.

'Mae hi'n costio ffortiwn i gadw ci, Carl,' meddai Dad yn bur ddifrifol.

'Wnaiff o ddim bwyta llawer,' mynnais. 'A meddyliwch chi mor handi fydd o i fwyta'r hyn y mae hi'n ei adael ar ôl.'

Edrychais ar Jemma, fy chwaer fach. Mae hi byth a hefyd yn dechrau bwyta rhywbeth ac yna'n ei adael ar ôl ar ei phlât.

'Mae bwyd yn rhy ddrud i'w wastraffu.'

Dyna fydd Dad a Mam yn ei ddweud fel tiwn gron. Felly, mae'n rhaid i un ohonyn nhw, neu fi, orffen ei fwyta. Mam sydd adref drwy'r dydd efo Jemma ac mae hi'n cwyno'n aml fod y sbarion yn creu hafoc efo'i deiet hi a hithau'n ceisio colli pwysau am fod ei jîns hi'n rhy dynn.

'Mae yna rywbeth yn yr hyn rwyt ti'n ei ddweud, Carl,' meddai hi a gwelais yn syth fod gen i rywfaint o obaith. Ond doedd Dad ddim mor hawdd i'w berswadio.

'O! Dad!' crefais. 'Ga i ei gadw fo? Ga i? Mae ar y peth bach angen cartref a rydw i angen ei gwmni fo.'

11

'Dydi hi ddim yn deg cadw ci mor fawr mewn tŷ bychan fel hwn.'

'Ond dydi o ddim mor fawr â hynny!'

'Ddim ar hyn o bryd. Ond dydi o ddim wedi gorffen tyfu.'

'Sut gwyddoch chi?'

'Wel edrych arno fo! Ci ifanc ydi o. Mae o'n siŵr o fod yn dal ar ei brifiant.'

'O!'

'A wyddost ti sut fath o gi ydi o?'

Ysgydwais fy mhen.

'Alsesian . . . y rhan fwyaf ohono fo beth bynnag.'

Ar ôl clywed hynny roeddwn i'n fwy awyddus fyth i'w gadw fo. Ond bu'n rhaid imi grefu a chrefu ac addo ar fy ngwir y byddwn i'n mynd â fo am dro bob bore a nos yn ddi-ffael, waeth sut dywydd fyddai hi, cyn i Dad ildio a gadael imi gael fy ffordd fy hun.

Do, fe ildiodd Dad. Ond bob hyn a hyn, pan fydd o'n ddrwg ei hwyl, bydd Dad yn cwyno bod Bruno dan draed ac y bydd yn rhaid meddwl am gael gwared ag o. Ac unwaith, ar ôl i Bruno gnoi un o'i welingtons o fe ddaeth hi bron iawn i hynny. Byth wedyn rydw i wedi bod ag ofn mawr 'mod i'n mynd i'w golli o. Mi fydd yna lwmp mawr yn dod i 'ngwddw i weithiau pan ddigwyddith o edrych yn ffyddlon i fyw fy llygad i. Mae arna i ofn drwy waed fy nghalon ei golli o.

'Mae'r ardd yma'n rhy fach i gi gael llawer o ryddid,' mynnodd Dad. 'Mae'n rhaid iti ofalu mynd â fo i lefydd i redeg a rhedeg. Mae ar gi ifanc fel hwn angen digonedd o ymarfer. Dydi o ddim yn deg â fo ei gadw fo'n gaeth.'

Tu cefn i'n tŷ ni mae llwybr ar hyd glan yr afon. Mae'n lle braf iawn i fynd â chi am dro a dyna ble byddwn ni'n dau, Bruno a fi, yn mynd bob dydd. Weithiau byddwn yn mynd ymlaen i lefydd eraill, ond dyna'r ffordd y byddwn yn cychwyn bob amser. Unwaith y byddwn ni allan drwy'r giât gefn, bydd Bruno'n dechrau rhedeg yn ôl ac ymlaen yn wyllt wirion ar hyd y llwybr, ei drwyn ar y ddaear wedi cyffroi'n lân wrth gael hyd i filoedd o arogleuon gwahanol ac yn mwynhau bod yn rhydd. Mi fydda i wrth fy modd yn ei weld yn mwynhau'i hun, yn arbennig os bydd hi'n braf. Dim ots

ganddo fo os bydd hi'n tywallt y glaw. Mae'n well gen i beidio â gwlychu at fy nghroen ond mi fydda i'n mynd â fo hyd yn oed pan fydd hi'n bwrw hen wragedd a ffyn. Os na chaiff o fynd allan bydd Bruno'n anniddig a dydw i ddim eisiau i Dad ddechrau cwyno am hynny a dweud y bydd raid imi gael gwared ag o. Mi faswn i'n torri 'nghalon petai hynny'n digwydd.

Doedd hi ddim yn bwrw'r bore hwnnw ond roedd hi wedi tywallt y glaw yn ystod y nos. Dyna pam roedd Dad wedi gorfod mynd i'w waith mor gynnar.

'Rhwng y llifogydd a'r dŵr yn llifo o'r beipen mae'n anodd gwybod ble'n union mae'r byrst.'

Dyna oedd eglurhad un o'r gweithwyr eraill i Dad pan guron nhw ar y drws mor gynnar yn y bore. Roedd yn ddigon hawdd gweld iddi fwrw'n drwm oherwydd roedd pobman yn wlyb domen a'r afon fach sy'n llifo heibio cefnau ein tai ni wedi codi bron at y dorlan wrth ochr y llwybr. Dydi'r afon ddim yn ddofn iawn yn y fan honno fel rheol, ond yn nes ymlaen, fel mae hi'n ymuno â'r afon fawr, mae'n ddyfnach o lawer.

Dyna pa bryd y clywais y sgrech.

3.

Roeddwn i'n adnabod y llais.

'JEMMA!' gwaeddais gan redeg ar hyd y llwybr ar ôl Bruno.

Gwyddwn y munud hwnnw fod fy chwaer fach mewn perygl. Sylweddolais hefyd 'mod i'n gwybod yn iawn beth oedd wedi digwydd ac fy mod i ar fai. Fe ddyliwn i fod wedi meddwl . . .

Y cloc oedd y rheswm.

Mae Jemma wedi mopio'n lân efo clociau. Does 'run ohonon ni'n deall pam, ond maen nhw'n ei denu hi fel magned.

'Mi fasa rhywun yn meddwl 'mod i wedi cael fy nychryn gan gloc cyn iddi gael ei geni!' cwynodd Mam unwaith.

15

'Gawsoch chi?' holais.

'Wel naddo siŵr iawn. Ddim imi gofio beth bynnag!'

'Gwneud ichi feddwl yn tydi?' meddwn i wrth i Jemma gerdded yn simsan at y fideo a'r stof gan weiddi, 'Cloc! Cloc!'

'Run fath yn union oedd hi ym mhobman yr aen ni, yn sylwi ar y clociau yn syth bin ac yn estyn ei breichiau gan grefu am gael eu cyffwrdd fel y bydd genod bach eraill eisiau cael gafael mewn babi dol. Mae Mam mewn helynt efo hi bob tro mae'n mynd â hi i'r dref . . . yn methu'n glir â'i chael hi i fynd heibio i siop y gemydd. Mae hi eisiau aros yno â'i thrwyn ar y gwydr am oriau. Mae'n cael sterics os na chaiff ei ffordd ei hun ac yn gweiddi 'Tic toc! Tic toc!' nerth esgyrn ei phen.

'Fe ddaw yna rywbeth arall i fynd â'i bryd hi cyn bo hir,' meddai Dad yn ddigyffro o glywed Mam yn cwyno. 'A beth bynnag, fe fydd hi'n mynd i'r ysgol feithrin cyn bo hir.'

Mynd i'r ysgol? Hy!

Yr hyn na feddyliodd Dad druan na neb arall chwaith oedd y byddai Jemma yn mynnu na fedrai hi ddim mynd i'r ysgol heb fedru dweud faint oedd hi o'r gloch.

'Isio gwybod pryd mae'r ysgol yn dechrau. Isio gwybod pryd mae'n amser mynd adref,' meddai hi.

Ac ar bwy roedd hi'n swnian i'w dysgu i ddweud faint o'r gloch?

Fi.

Wel, fi ydi ei brawd mawr hi yntê! Fi sy'n edrych ar ei hôl hi ac yn gwneud pethau iddi na fedr hi mo'u gwneud nhw ei hun am ei bod hi'n rhy fach. Ata i y bydd hi'n dod pan fydd Mam neu Dad wedi dweud y drefn wrthi a fi fydd yn chwarae gêmau efo hi ac yn darllen stori iddi yn y gwely bob nos.

Bob tro'r oeddwn i'n ceisio gosod y fideo i recordio, bob tro'r oeddwn i'n cychwyn allan am gêm bêl-droed efo'r hogiau dyna lle'r oedd hi'n swnian imi ei dysgu hi i ddweud faint o'r gloch.

O'r diwedd, er mwyn cau ei cheg hi, ceisiais ei dysgu. Ond doedd gen i ddim cloc. Clociau digidal oedd gynnon ni ym mhobman yn y tŷ.

'Mi chwilia i am gloc efo wyneb a bysedd,' addewais iddi.

Cadwodd hynny hi'n dawel am ychydig. Wir, roeddwn i wedi cael llonydd mor dda fel imi gredu ei bod hi wedi anghofio. Ond roedd hi'n gwybod yn iawn ei bod hi'n cael dechrau yn yr ysgol feithrin ar ôl y Pasg a phob tro'r oedd hi'n gweld wy Pasg yn y siop roedd hi'n dechrau swnian wedyn.

Roeddwn i wedi bwriadu gwneud cloc efo cardfwrdd i edrych gawn i ychydig bach o lonydd, ond roeddwn i wedi bod yn brysur . . .

Clywais y sgrech a fflachiodd rhywbeth *ofnadwy,* rhywbeth *gwironeddol ofnadwy* drwy fy meddwl.

Jemma oedd yn sgrechian.

Jemma! Cloc!

Gwyddwn yn union ble'r oedd 'na un. Gwelais ef ddeuddydd yn ôl wedi ei daflu efo rhyw hen duniau ar ochr yr afon. Mewn bag plastig du roedden nhw. Rhywun yn rhy ddiog i fynd â nhw i'r dymp ac wedi eu gadael nhw yno'n flêr. Rhwygodd y bag ar y drain a llithrodd y cynnwys allan.

Fedrwn i ddim credu fy lwc. Dyna lle'r oeddwn i wedi bod yn chwilio ym mhobman am

hen gloc i ddysgu Jemma i ddweud faint oedd hi o'r gloch, a dyma lle'r oedd un . . . am ddim! Roedd o'n ormod i ddisgwyl iddo fod yn mynd, ond doedd affliw o ots gen i am hynny. Doedd dim rhaid iddo fod yn mynd. Gallwn symud y bysedd â'm llaw. Stwffiais drwy'r drain i gael gafael arno. Gwthiodd Bruno ei drwyn heibio fy mraich i fusnesu. Roedd hi'n anodd cael gafael ar y cloc heb wlychu fy nhraed ond llwyddais o'r diwedd.

Dyna siom!

Roedd o'n gloc plastig eithaf mawr a'r rhifau'n glir. Roedd o'n lân iawn. Byddai'n ardderchog i ddysgu geneth fach i ddweud faint oedd hi o'r gloch. Ond doedd yna ddim bysedd. Doedd o'n dda i ddim i mi. Lluchiais ef yn ôl i ganol y drain.

Ar ôl imi wneud hynny teimlwn yn euog. Ddyliwn i ddim fod wedi gwneud hynny. Dyliwn fod wedi mynd â fo adref a'i luchio i'r bin. Ond roedd hi'n rhy hwyr i ddifaru. Ddyliwn i ddim fod wedi ei adael yno i wneud y lle'n flêr.

'Dydi un peth arall ddim yn gwneud llawer o wahaniaeth!'

Ceisiais gysuro fy hun, ond a dweud y gwir gwyddwn mai esgus tila iawn oedd hynny. Gadewais ef yno a mynd ymlaen ar hyd y llwybr efo Bruno.

Ar ôl clywed y sgrech rhedais nerth fy nhraed. Gwyddwn yn union beth oedd wedi digwydd. Roedd Jemma wedi dod allan. Rhedeg ar f'ôl i a Bruno efallai, ac wedi gweld y cloc. Roedd o'n haws i'w weld ar ôl i mi ei dynnu o o'r bag ond sylwai hi ddim nad oedd bysedd arno. Oedd hi wedi ceisio cael gafael arno ac wedi llithro? Petawn i wedi gadael llonydd i'r cloc yn lle'r oedd o fyddai o ddim mor amlwg a go brin y byddai geneth fach fel Jemma wedi sylwi arno. Arna i roedd y bai!

4.

'JEMMA!' sgrechiais a rhedeg ati nerth fy nhraed. Ar yr union eiliad honno gwelais Melfyn yn dod i'r golwg o amgylch y tro ar y llwybr. Rhoddodd y gorau i jogio dow-dow a rhuthro aton ni.

Chwyrlïai dŵr budr yr afon ymlaen yn anghynnes. Edrychai'n ddifrifol o oer ac yn sobor o beryglus. Hongiai Jemma yno, ei chôt wedi bachu mewn brigyn coeden a'i thraed yn llyfu'r dŵr. Crafangai un llaw yn yr awyr wrth iddi geisio cydio mewn cangen i atal ei hun rhag llithro i'r afon.

Roedd Bruno ar y dorlan, ei geg ar agor led y

pen a'i ddannedd cryfion yn cydio yng nghornel ei chôt hi.

'Dal d'afael!' bloeddiodd Melfyn. 'Dal d'afael Jem! 'Dan ni'n dŵad!'

Stwffiais drwy'r drain. Ond fel roeddwn i o fewn hyd braich iddi, gollyngodd ei gafael, methodd Bruno â'i dal yn ôl am yr un eiliad arall. Syrthiodd Jemma i'r dŵr a'r sgrech roddodd hi'n diasbedain drwy'r awyr. Sgrech lawer mwy dychrynllyd na'r un gyntaf a glywais.

Neidiais i mewn ar ei hôl. Am un munud dychrynllyd collais olwg arni'n gyfan gwbl. Doedd dim byd i'w weld ond y dŵr oer budr. Fedrwn i ddim symud na meddwl am ei fod o mor oer.

'Dacw hi yn fan'na!' bloeddiodd Melfyn o'r dorlan a chefais gip ar Jemma'n dod i'r golwg ar y dde imi. Gwthiais drwy'r dŵr cryf gan hanner cerdded a hanner nofio i gyrraedd ati. Doedd y dŵr ddim mor ddwfn â hynny i mi. Dim ond i rywle uwchben fy nghluniau roedd o'n dod. Ond roedd o'n ddwfn iawn i eneth fach fel Jemma. Straffagliais i geisio'i chodi. Teimlai Jemma yn drwm ac yn hollol lipa a difywyd ac roeddwn i wedi dychryn gormod i fedru meddwl yn iawn. Rhedai Bruno'n ôl ac ymlaen ar hyd y llwybr ar y lan o hyd gan gyfarth a chyfarth. Roeddwn i'n gobeithio y byddai rhywun yn ei glywed, yn rhedeg yno i

weld beth oedd yn bod ac yn dod i'n helpu. Ond ddaeth yna neb.

Codais Jemma i'm breichiau. Roedd hi'n hollol lonydd. Yn llonydd ac yn llipa. Ond beth ddychrynodd fi fwy na dim byd oedd ei bod hi'n ddistaw. Doedd hi'n gwneud yr un smic. Jemma! Jemma oedd mor swnllyd fel arfer. Credwn yn siŵr ei bod hi wedi marw. Gwthiais drwy'r dŵr tuag at Mel, ac ar hynny teimlais hi'n symud yn fy mreichiau, yn cicio ac yn strancio i geisio dod yn rhydd. Dyna falch oeddwn i!

Cydiais ynddi'n dynn fel cranc. Roedden ni o fewn cyrraedd y dorlan erbyn hyn a Jemma'n mynd i deimlo'n drymach bob munud. Teimlai fy mreichiau fel petaen nhw'n dod o'r gwraidd.

Byrlymai'r dŵr yn swnllyd o'n cwmpas gan chwyrlïo dros y cerrig a brigau isaf y coed yn ddi-daw. Gwelais geg Mel yn symud a gwyddwn ei fod yn dweud rhywbeth ond boddai dadwrdd y dŵr dros y cerrig y geiriau. Roedd o'n cydio yn Jemma a theimlais ei phwysau'n ysgafnhau yn fy mreichiau. Yna, gydag un ymdrech fawr codais Jemma a'i gwthio at Mel ac i ddiogelwch y lan. Tynnodd Mel a throi. Roedd Jemma'n sgrechian nerth esgyrn ei phen erbyn hyn a gwyddwn ei bod hi'n fyw beth bynnag. Llaciais fy ngafael ynddi a gadael i Mel gymryd y pwysau i gyd. Gwyddwn fod Jemma'n ddiogel bellach.

A'r munud hwnnw baglais. Roedd carreg fawr yn rhywle o dan y dŵr wrth fy nhraed a baglais ar ei thraws. Gollyngais fy ngafael ar Jemma a syrthiais ar fy hyd yn yr afon. Chwyrlïodd y dŵr dros fy mhen.

Cyn hynny roeddwn i wedi cynhyrfu'n lân ac wedi dychryn am fod Jemma mewn perygl. Am ychydig credais ei bod hi wedi boddi. Wedyn teimlais rhyddhad mawr ei bod hi'n fyw beth bynnag.

Rŵan anghofiais bopeth amdani.

Phetrusais i ddim cyn neidio i'r dŵr ar ôl fy chwaer fach. Chefais i ddim digon o amser i feddwl fod arna i ofn. Petawn i wedi cael amser, mae'n debyg y byddwn i wedi sylweddoli nad oedd y dŵr yn ddwfn yn y fan honno. Doedd arna i ddim ofn dŵr. Rydw i'n medru nofio'n iawn. Rydw i wedi ennill tystysgrifau a medalau am nofio. Rydw i i fod yn dipyn o giamstar ar nofio. Ond y munud hwnnw, y munud *ofnadwy* hwnnw pan syrthiais dros fy mhen i'r afon a theimlo'r oerfel dychrynllyd yn cau amdanaf, dychrynais fwy nag erioed yn fy mywyd.

Aeth pobman yn ddu ddychrynllyd.

Doedd o'n ddim byd tebyg i fod yn nofio mewn pwll nofio. Doedd o'n ddim byd tebyg chwaith i fod yn nofio yn y môr glas yn Ninas Dinlle yn yr haf. Y tro cyntaf y gwnes i hynny synnais mor gryf oedd y môr. Teimlwn ef yn

24

tynnu fy nghorff i fynd ffordd wahanol i'r ffordd roeddwn i eisiau mynd. Ond bryd hynny doedd dim ots. Roedd Dad yn y dŵr efo mi a llawer o nofwyr eraill o gwmpas a theimlwn yn ddiogel.

Ond y düwch ofnadwy yma. Y düwch dychrynllyd.

Roedd hi'n dywyll yn y dŵr yma a'i oerfel yn fy fferru. Am funud roeddwn wedi dychryn gormod i symud na llaw na throed. Boddi. Gwyddwn fy mod yn boddi. Yna, mewn panic llwyr, ciciais fy nghoesau a chwilio am wely'r afon efo 'nhraed. Symudais fy mreichiau a tharodd fy llaw yn erbyn rhywbeth. Cydiais ynddo'n ddall ac angori fy hun yno gan ddod yn rhydd o afael grym nerthol y dŵr. Ond am un eiliad roeddwn i wedi meddwl fy mod yn boddi ac roedd hi'n eiliad hir, hir.

Erbyn gweld, cydiwn mewn brwyn. Llwyddais i afael ynddyn nhw gyda'm dwy law a thynnu fy hun o'r dŵr. Cydio wedyn mewn brigyn a llusgo fy hun i'r lan. Eisteddais yno'n pesychu am ychydig wedi colli 'ngwynt yn lân.

Yn rhywle wrth f'ochr clywn Jemma yn gweiddi crio a Mel druan yn ceisio'i chysuro. Teimlwn yn wan fel babi. Doedd gen i ddim digon o nerth i gymryd sylw ohonyn nhw. Roeddwn i'n crynu fel deilen mewn corwynt. Nid y dŵr oedd wedi f'oeri chwaith er bod fy nillad yn wlyb diferol ac yn teimlo'n annifyr iawn amdanaf. Wedi dychryn oeddwn i. Wedi dychryn gormod i symud. Teimlai fy nghoesau fel jeli.

'Hei! Ti'n iawn?'

Safai Mel uwch fy mhen a Jemma ar ei fraich.

'Well ichi'ch dau gael dillad sych rhag ichi gael annwyd,' meddai cyn imi gael cyfle i'w ateb.

Yn iawn?

Nac oeddwn. Doeddwn i ddim yn iawn. Ddim o bell, *bell* ffordd.

5.

Ond roeddwn i'n fyw.

Chymerais i ddim arnaf o gwbl nad oeddwn i'n iawn. Wel, a dweud y gwir, a'r dŵr yn diferu o'm dillad gan ffurfio pwll o amgylch fy nhraed, fy ngwallt yn blastar gwlyb ar fy nghorun a sŵn slotian yn dod o'm hesgidiau gyda phob cam roeddwn i'n ei roi, roedd yn berffaith amlwg nad oeddwn i'n iawn. Ond doeddwn i ddim wedi bod mewn gwir berygl o gwbl. Nac oeddwn, doeddwn i ddim mae'n siŵr. Ond dychrynais am fy hoedl yr un fath yn union.

Nid manion fel dillad gwlyb oedd yn fy mhoeni. Prin y sylwais i arnyn nhw gan 'mod i wedi gafael yn dynn yn Jemma ac wedi ei chodi hi ar fy mraich. Rhoddodd ei dwy law yn dynn, dynn am fy ngwddw i a chuddio'i hwyneb ar f'ysgwydd gan feichio crio.

'Dyna ti! Dyna ti!' cysurais hi. 'Paid â chrio! Ti'n iawn rŵan! Ty'd 'laen!' meddwn i wrthi hi. 'Fe awn ni adref. Mi gei di fath cynnes braf a dillad sych ac wedyn mi gawn ni frecwast.'

Cydiodd yn dynn am fy ngwddw gan weiddi crio o hyd. Roedd hi mor drwm fel mai prin roeddwn i'n medru symud yn iawn. Neidiai Bruno o'n hamgylch gan gyfarth yn gyffrous wedi cynhyrfu'n lân gyda'r helynt. Bob hyn a hyn neidiai i fyny gan geisio llyfu llaw Jemma.

'Paid Bruno! PAID!' sgrechiodd hithau'n flin ac yn biwis. Cyfarthodd Bruno fwy fyth. Doedd Mel ddim haws â cheisio'i gadw draw chwaith. Mae Bruno'n gi hynod o gall. Gwyddai'n iawn fod rhywbeth ofnadwy wedi digwydd i Jemma a cheisiai'i chysuro ond doedd hi ddim yn deall hynny. A dweud y gwir roedd hi wedi dychryn gormod i fedru deall dim byd.

Gwyddwn ei bod hi'n beryg cael annwyd wrth wisgo dillad gwlybion ac felly roedd hi'n bwysig brysio adref er mwyn i Jemma fach gael newid. Ond arhosais am funud 'run fath yn union. Cofiwn fel y gwnaeth Bruno ei orau glas i achub Jemma.

'Ci da, 'ngwas i. Ci da,' meddwn i wrtho gan geisio'i fwytho. 'Mi wnest ti dy orau i geisio'i hatal hi rhag syrthio i'r dŵr. Paid ti â phoeni, Bruno. Ar ôl clywed beth wnest ti fydd Dad *BYTH* yn meiddio sôn am gael gwared â chdi!'

Roedden ni'n ceisio cerdded ar hyd y llwybr a bellach roedden ni o fewn golwg ein giât gefn ni a Jemma'n teimlo'n drwm, drwm yn fy mreichiau. Roeddwn i'n ymlafnio am fy ngwynt.

'Gad imi ei chario hi,' cynigiodd Mel. Ond pan geisiodd o afael yn Jemma cydiodd fel cranc yn fy ngwddw a chododd y sŵn bloeddio'n uwch fyth.

Gwelais ein drws cefn ni'n agor a Mam yn edrych allan. Rhuthrodd i lawr llwybr yr ardd a gafael yn Jemma o'm breichiau. Wrth i mi a Mel egluro beth oedd wedi digwydd aeth ei hwyneb yn llwyd ac wedyn yn wyn. Heliodd ni i gyd i'r tŷ a thra oedd hi'n ymgeleddu Jemma bu'n rhaid i ni'n dau dynnu'n dillad yn y gegin cyn mynd i'r llofft i nôl rhai sych. Roedd dillad Mel bron cyn wlyped â'm rhai i ar ôl iddo fod yn cydio yn Jemma ac yn ei chario. Roeddwn i wedi gwneud coffi inni erbyn i Mam a Jemma ddod i lawr o'r llofft. Eisteddodd Jemma ar y gadair wrth f'ochr i ac fe wnes i frechdan fêl iddi hi. Mêl meddal ydi o ac mae o'n handi iawn i wneud llun ar frechdan. Mae Jem yn siŵr o fwyta brechdan efo llun ac fe wnes fy ngorau i wneud castell iddi hi, gan mai dyna ydi ei hoff lun hi, tra oedd Mel yn dweud yn union beth ddigwyddodd wrth Mam a minnau'n ceisio egluro beth oeddwn i'n feddwl oedd wedi digwydd, sef fod Jemma wedi penderfynu fy nilyn i a Bruno, wedi gweld y cloc ac wedi ceisio cael gafael arno.

'Ti'n siŵr dy fod ti'n iawn?' gofynnodd Mam droeon.

Roedd Jemma'n ddistaw, ddistaw. Ond roedd hi wedi bwyta'r frechdan fêl ac wedi crefu am un arall ar ôl yfed diod gynnes. Roedd hi wedi dod ati'i hun yn iawn a Mam yn dweud drosodd a throsodd,

'Diolch byth na ddigwyddodd dim byd gwaeth. Diolch byth eich bod chi'ch dau yno. Mi allai hi fod wedi boddi'n hawdd.'

'Rwyt i'n ddigon llwyd,' meddai hi gan edrych arna i cyn troi i ofyn, 'Mel, wyt ti'n iawn?'

'Carl fu yn y dŵr. Nid fi. Dwi'n iawn. Hei! Mi fyddwn ni'n hwyr yn yr ysgol!'

Edrychais ar Mam.

'Dwi'n iawn, Mam,' meddwn i. 'Ond . . .'

'Mi ffonia i'r ysgol i ddweud beth sydd wedi digwydd,' meddai hi'n syth. 'Ac mi ffonia i dy fam di hefyd, Mel. Well ichi aros yma am y bore. Gawn ni weld sut byddwch chi erbyn y pnawn.'

Winciais ar Mel.

'Colli prawf tablau!' meddwn i o dan fy ngwynt.

29

'Ddim yna i wneud ffracsiynau!' meddai yntau.

'Fu gynnon ni 'rioed well esgus!' meddwn i'n falch.

Fe symudon ni wedyn i edrych ar y teledu ac yno y buon ni'n gorweddian yn ddiog braf. Roedd Jemma yn ddigon bodlon yn chwarae efo'i theganau ar y llawr wrth f'ymyl.

Ddywedais i fawr ddim drwy gydol y bore. Doeddwn i ddim eisiau siarad efo Mel o gwbl. Bellach teimlwn yn well gan fod fy nillad i'n sych ac fy mod i wedi cynhesu ar ôl y ddiod boeth. Dyliwn fod yn teimlo'n ardderchog gan 'mod i'n cael colli'r ysgol.

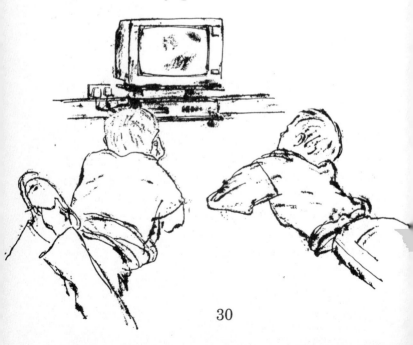

Fy nhu mewn i oedd y drwg. Tu mewn roeddwn i'n oer fel rhew a'm bol yn troi a throi. Teimlwn yn sâl. Cofio'r ofn oeddwn i. Dyna oedd yn fy ngwneud yn sâl. Er 'mod i'n syllu ar y teledu, welwn i ddim beth oedd ar y sgrin. Chlywais i'r un gair oedd yn cael ei ddweud chwaith. Y cyfan oedd o flaen fy llygaid i oedd y düwch difrifol ac yn fy nghlustiau rhuai'r sŵn ofnadwy o hyd ac o hyd. Roedd o'n dal mor uchel. Roedd o'n fy myddaru'n lân. A'r düwch ... roedd o'n cau amdanaf fel blanced fawr drom ac yn fy mygu'n gorn.

'Carl! Gwranda arna i!'

Syllais ar Mam.

'Wyt ti'n iawn? Rydw i wedi gofyn iti ddwywaith be ti isio i ginio?'

'Ydw, ydw siŵr. Rydw i'n iawn.'

'Wel ateb 'ta! Be ti isio efo tships o'r siop?'

Doedd fawr o ots gen i a dweud y gwir ond dywedais y byddai'n well gen i sosej. Pysgodyn ddewisodd Mel.

Fe ddalion ni ati i wylio'r teledu tra aeth Mam i'r siop ond a dweud y gwir, chlywais i'r un gair o'r rhaglen. Wyddwn i ddim am beth roedd hi'n sôn. Y cyfan a glywn i oedd sŵn ofnadwy'r dŵr yn byrlymu'n uwch ac yn uwch yn fy mhen ac o flaen fy llygaid roedd y tywyllwch du ofnadwy hwnnw. Fedrwn i yn fy myw ei anghofio.

6.

Roedd ein lluniau ar dudalen flaen y papur newydd drannoeth. Arhosais yn nhŷ Taid Max i gael brecwast fel yr arferwn i a Bruno wneud bob bore Sadwrn. Tra oedd o'n llowcio'r sbarion roedd Anti Megan wedi'u cadw iddo yn ei ddysgl o flaen y stof yn y cefn, eisteddais yn y gadair gyferbyn â Taid Max yn yfed fy nghoffi ar ôl gorffen brechdan wy a sôs coch.

Roedd hi'n gynnes braf yn y gegin a'r gadair yn gysurus. Teimlwn fy hun yn suddo'n braf ar y clustogau a bron, bron â chysgu. Roeddwn i wedi blino.

Y noson cynt bob tro'r oeddwn i'n cau fy llygaid ac ar fin syrthio i gysgu clywn yr hen sŵn ofnadwy drachefn a thrachefn. Sŵn y dŵr yn byrlymu. Hen sŵn dychrynllyd. Roedd arna i ofn cau fy llygaid rhag ofn i'r düwch ddod hefyd. Feiddiwn i ddim cysgu.

Ond cysgu wnes i o'r diwedd a breuddwydio 'mod i'n boddi. Deffrais yn chwys drosof ac yn crynu i gyd. Fedrwn i yn fy myw fynd yn ôl i gysgu. Gorweddais yn fy ngwely yn syllu ar y nenfwd nes roedd hi'n amser codi.

Dyna le fu yn ein tŷ ni ar ôl i'r dyn papur newydd fod acw.

Doeddwn i ddim eisiau siarad efo neb. O! Fe ddywedais i drosodd a throsodd wrth bawb yn union beth ddigwyddodd, ond soniais i'r un gair am y sŵn, na'r düwch chwaith. Roedd arna i gymaint o ofn am yr un eiliad ofnadwy honno. Roeddwn i'n dal i grynu tu mewn wrth feddwl am y peth.

Sŵn Anti Megan wrthi'n golchi llestri yn y cefn ac yn siarad efo Bruno. Sŵn y tân yn clecian. Bruno'n dod i orwedd wrth fy nhraed yn fodlon braf ac yn rhoi rhyw ochenaid fach ar ôl llyfu fy llaw cyn ymestyn i gysgu yn y gwres. Aeth y cyfan ymhellach ac ymhellach. Roeddwn i'n pendwmpian yn braf.

Clywn sŵn papur newydd yn siffrwd. Y papur newydd roeddwn i wedi ddod o'r siop a'i roi i Taid Max.

''Drychwch ar eu lluniau nhw!' meddai Anti Megan gan blygu'r papur yn y lle iawn a'i roi iddo cyn mynd yn ôl i'r cefn wedi gorffen syllu ar ein lluniau ni a darllen yr hanes yn uchel.

Doedd yr hen ŵr ddim fel petai'n deall yn iawn beth yn hollol oedd wedi digwydd. Gwelais ef yn syllu ar y lluniau ac yn edrych ar Anti Megan pan oedd hi'n dweud y stori ac wedyn yn edrych arna i. Roedd o wedi nodio rhyw unwaith neu ddwy ac wedyn wedi edrych yn ôl ar y papur.

Oedd o wedi clywed yr hanes yn iawn?
Oedd o'n gweld y lluniau'n glir?
Fedrai o ddarllen yr hanes?
Wyddwn i ddim.

Roedd ganddo fo beiriant i'w helpu i glywed. Gwisgai sbectol. Ond roedd o mor hen.

Edrychais arno. Cododd ei ben a syllodd ei lygaid glas gwan yn syth i gannwyll fy llygaid am eiliad.

'Carl!' meddai fo mewn llais cryg, crynedig.

Synnais. Fyddai o ddim yn siarad rhyw lawer. Fyddwn i chwaith byth yn siŵr fyddai o'n gwybod pwy oeddwn i. Weithiau byddai'n fy ngalw'n Otto. Meddwl mai fy nhad oeddwn i fyddai o bryd hynny. Byddai hyd yn oed yn fy ngalw'n Hans weithiau. Fy nhaid i oedd o. Doeddwn i ddim yn ei gofio. Roedd o wedi marw pan oeddwn i'n fach iawn.

Wel, chwarae teg, roedd Taid Max yn andros o hen. Roedd o wedi cyfarfod llawer iawn o bobl ar hyd yr holl flynyddoedd roedd o wedi byw. Roedd yn hawdd iddo ffwndro.

'Carl!' meddai wedyn a'i lais yn ysgafn ac yn araf gan wneud i bob llythyren swnio fel rhyw ddeilen denau grin grynedig yn cael ei siffrwd gan y gwynt.

Dechreuodd y papur newydd lithro oddi ar ei lin. Ceisiodd gydio ynddo a sylwais ar ei ddwylo cnotiog yn denau ac eiddil gyda'r gwythiennau gleision fel petaen nhw ar fin gwthio allan drwy'r croen gwyn.

Codais a mynd ato. Cydiais yn y papur newydd a'i roi'n ôl ar ei lin.

'Dyna chi, Taid Max.'

Y llun ohonon ni, Bruno a Mel a Jemma a fi ar lan yr afon oedd o'i flaen yn awr. Syllodd arno â'i ben yn plygu i graffu'n fanwl. Gwelais yr ychydig flewiach o gwmpas ei ben yn wyn fel arian ac yn edrych yn feddal, yn debyg iawn i wallt Jemma pan oedd hi'n fabi bach. Yna cododd ei ben drachefn i edrych arnaf. Edrychai'n gynhyrfus iawn. Symudai ei ddwylo'n ôl ac ymlaen yn wyllt, mor ysgafn a dibwrpas â darnau o bapur sidan yn cael eu cyhwfan gan chwa o wynt yr haf. Symudodd o'i le yn ei gadair. Gwnaeth osgo fel petai am godi ar ei draed. Cydiodd ym mreichiau'r gadair ac wedyn troi i chwilio am ei ffon yn araf a chrynedig.

O gil fy llygad gallwn weld llun ar y silff uwchben y teledu. Llun gŵr ifanc mewn lifrai. Edrychai'n gryf a chyhyrog a'i wallt golau'n drwchus. Gwyddwn, am fod Anti Megan wedi dweud wrthyf rywdro, mai llun o Taid Max yn ifanc oedd o. Dyna anodd oedd credu hynny wrth edrych ar yr hen, hen ŵr a eisteddai gyferbyn â mi, ei gefn yn grwm a'i ben yn foel.

Cynhyrfodd Bruno wrth ei weld yn ceisio symud ac aeth ato. Chymerodd Taid Max ddim sylw ohono o gwbl. Beth oedd yn bod arno? Pam roedd o wedi cynhyrfu?

Am funud, wyddwn i ddim beth i'w wneud am na ddeallwn beth roedd o'n geisio'i wneud. Roeddwn i ar fin galw ar Anti Megan, ond yr eiliad nesaf tawelodd drachefn. Eisteddodd yn ôl yn ei gadair ac edrychodd ar y papur ar ei lin.

Syllais arno gan ei wylio'n ofalus. Edrychai ar y papur mewn ffordd wahanol y tro yma i'r ffordd a wnaeth cyn cynhyrfu. Wyddwn i ddim yn hollol pam roedd hyn yn wahanol chwaith. Yna, yn sydyn, gwyddwn rywbeth. Wyddwn i ddim yn hollol sut roeddwn i'n gwybod. Ond rŵan gwyddwn mai synfyfyrio'r oedd o. Roedd o'n edrych ar y papur fel petai o ddim yn ei weld o gwbl, fel petai o ddim yno. Roedd o wedi deall beth oedd ynddo fo o'r blaen felly. Mae'n siŵr ei fod o wedi deall mai fy hanes i oedd yno hefyd.

Suddais yn ôl i'r gadair drachefn. Ond fel roeddwn i'n dechrau ymlacio meddai fo drachefn,

'Carl!'

Doedd o ddim yn edrych arna i. Edrychai ar y silff ben tân.

Roedd hi'n berffaith ddistaw yn y gegin y munud hwnnw. Un sŵn glywn i.

Tic toc.

Tic toc y cloc ar y silff ben tân.

7

Doeddwn i erioed wedi sylwi ar y cloc o'r blaen. Ar y silff ben tân roedd jwg glas ac yn hwnnw roedd Anti Megan yn cadw beiros a phensiliau a siswrn a rhyw fanion felly. Roedd yno luniau hefyd. Lluniau o fi a Jemma a lluniau o'n cefndryd a'n cyfnitherod pan oedden ni'n fabanod a phan oedden ni'n hŷn.

Gwyddwn, am wn i, fod cloc yno, ond edrychais i ddim yn fanwl arno tan y munud yma. Fe'm synnwyd. Doedd o'n ddim byd tebyg i unrhyw gloc a welswn erioed o'r blaen. Roedd o'n hen . . . ond roedd o'n mynd.

O beth cafodd o'i wneud?

Nid pren na phlastig na gwydr. Roedd hynny'n sicr beth bynnag. Edrychai'n feddal a'i wyneb yn bantiog. Papur? Cardfwrdd? Pwy glywodd am gloc papur erioed?

Rhythai Taid Max ar y cloc. Yna, symudodd ei olygon a phlygu'i ben i syllu ar y papur newydd ar ei lin drachefn.

Tic toc.

Gwyddwn ym mêr fy esgyrn fod rhywbeth ar fin digwydd. Wn i ddim ar wyneb y ddaear sut, ond gwyddwn hynny'n iawn. Eisteddais yn hollol lonydd â'm llaw ar goler Bruno. Eisteddai yntau wrth ochr fy nghadair gan edrych i gyfeiriad Taid Max â'i gorff yn llawn tyndra. Synhwyrai rywbeth gwahanol yn yr awyrgylch.

Cododd Taid Max ei olygon drachefn a chan hanner troi'n drwsgwl ar ei eistedd symudodd i wynebu'r cloc. Llithrodd y papur i lawr. Codais oddi ar y gadair a mynd ato a rhoi'r papur yn ôl ar ei lin.

Heb edrych arna i o gwbl, dim ond dal i syllu ar y llun yn y papur, cydiodd Taid Max yn fy arddwrn. Sylwais ar y llaw denau, eiddil fel crafanc aderyn a synnais ei bod yn cydio mor dynn. Fyddwn i ddim wedi disgwyl i hen, hen ŵr fod mor gryf. Edrychai ar y llun yn y papur ar ei lin. Y llun o Jemma a fi efo Melfyn ar lan yr afon.

Dychrynais braidd pan siaradodd. Swniai ei lais mor gryf a phendant, mor wahanol iddo fo'i hun rywsut.

'Elin!' meddai.

Elin? Elin? Wyddwn i ddim am bwy roedd

38

o'n sôn. Yna, sylwais ei fod o'n dal i syllu ar y llun.

Jemma oedd o'n ei feddwl mae'n siŵr. Ond pam roedd o'n ei galw'n Elin? Fy ngalw i'n Otto, ie. Deallwn hynny. Ond Carolyn oedd enw Mam. Os oedd o'n drysu rhwng Dad a fi disgwyliwn iddo ddrysu rhwng Mam a Jemma. Petai o wedi ei galw hi'n Megan, byddwn wedi deall hynny hefyd. Ond Elin? Chlywais i erioed am Elin yn ein teulu ni.

'Cloc Elin,' meddai Taid Max a syllu ar y cloc ar y silff ben tân wedyn. 'Cloc Elin fach.'

Ac roedd ei lais yn dawel, dawel.

Roeddwn i ar fin mynd i ofyn i Anti Megan beth tybed roedd o'n ei feddwl pan alwodd hi o'r cefn.

'Dwi'n mynd i'r becws i nôl bara.'

Clep. Caeodd y drws ar ei hôl. Aeth fy sylw oddi ar Taid Max am funud a phan drois yn ôl eisteddai'n llonydd, llonydd fel delw yn rhythu ar y carped o flaen y tân. Syllu i le gwag fel petai'n edrych i rywle ymhell bell i ffwrdd. Rhywle lle nad oedd neb ond fo'i hun yn ei weld.

Tic toc.

A'r eiliad nesaf gwelais ddau ddeigryn mawr yn rowlio i lawr gruddiau Taid Max. Cododd ei ben ac edrychodd arna i ac roedd ei lygaid yn llawn dagrau.

Beth wnawn i? Oedd o'n sâl? Mae'n rhaid ei fod o'n sâl. Oedd o mewn poen? Beth wnawn i? Ond doedd Anti Megan ddim yna. Ddyliwn i ei adael o a rhedeg i'r becws ...

Ond roedd o'n dal i gydio fel cranc yn fy mraich i a phan wnes i osgo i geisio'i adael o cynhyrfodd fwy fyth. Arhosais lle'r oeddwn i.

'Elin,' meddai drachefn gan ddal i syllu ar y llun a'r dagrau'n syrthio oddi ar ei ruddiau ar y papur newydd ar ei lin. 'Elin. Elin fach wedi boddi.'

Teimlwn ef yn crynu i gyd. Torrai ei galon yn lân.

'Nac ydi siŵr, Taid Max!' meddwn i gan geisio siarad yn glir. Gwyddwn yn iawn nad oeddwn i haws â gweiddi efo fo. Thyciai hynny ddim o gwbl ond wrth ynganu pob gair yn glir a siarad yn araf gobeithiwn y byddai'n deall yr hyn roeddwn i'n ei ddweud. 'Dydi Jemma ddim wedi boddi. Mae hi'n iawn. Edrychwch! Mae ei llun hi'n fan'na efo fi. Mae hi'n fyw ac yn iach. Does 'na ddim byd yn bod arni hi. Wir rŵan!'

Doedd o ddim fel petai'n deall. Doedd o ddim fel petai'n gwrando o gwbl a dweud y gwir.

'Nid Jemma!' meddai'n wyllt. 'Nid Jemma. Nid dy chwaer di. Elin. MAE Elin fach wedi boddi. Er bod Pero wedi cydio yn ei sgert hi a cheisio'i hatal rhag syrthio i'r dŵr. Er i Helmut neidio i mewn ar ei hôl hi. Roedd o'n

40

rhy hwyr. Boddi wnaeth hi. Ar ddiwrnod ei phen blwydd.'

Yna, trodd ac edrychodd i 'nghyfeiriad i.

'Rydw i'n dal i'w glywed o!'

'Clywed beth?'

'Ei gyfarthiad o. Cyfarthiad Pero.'

A'r eiliad honno deallwn yn union beth roedd o'n ei feddwl. Gallwn innau hefyd glywed cyfarthiad ci yn fy nghlustiau. Holltai tinc pryderus Bruno drwy 'nghlustiau.

Yna edrychodd Taid Max i fyw fy llygaid.

'Oedd o'n oer?' gofynnodd â'i lais yn gryf, gryf. 'Oedd y dŵr yn oer pan achubaist ti hi? Ddychrynaist ti, Carl?'

A'r munud hwnnw gwyddwn o dinc ei lais a'r edrychiad yn ei lygaid nad oedd o ddim yn ffwndro o gwbl.

Roedd o'n cofio am rywbeth ddigwyddodd erstalwm byd.

Fflachiodd y syniad i'm meddwl yn sydyn. Beth oedd o tybed? Mae'n rhaid ei fod o'n rhywbeth a adawodd argraff ddofn ar ei feddwl iddo gofio gyhyd. Roedd clywed fy hanes i a Jemma a gweld y lluniau yn y papur wedi rhoi proc i'w gof; wedi dod â'r gorffennol yn ôl.

'Oeddet ti ofn? Ddychrynaist ti?' gofynnodd wedyn â'i lygaid gleision fel petaen nhw wedi bywiogi'n sydyn.

Wyddwn i ddim beth i'w ddweud. Doedd neb,

nac oedd neb arall, wedi gofyn imi oeddwn i wedi dychryn.

'Wyt ti'n iawn?'

'Roeddet ti'n ddewr iawn yn achub dy chwaer fach.'

'Dyna lwc iti ei chlywed hi'n sgrechian.'

'Diolch i'r drefn dy fod ti wrth law.'

Pethau fel yna ddywedai pawb. Doedd neb wedi meddwl 'mod i wedi dychryn. Chyfaddefais innau ddim wrth neb chwaith. Roedd arna i ormod o gywilydd. Doedd arna i ddim eisiau i neb feddwl fod hogyn mawr fel fi'n fabi, nac oedd?

Syllais ar Taid Max yn dawel. Gwyddwn rywfodd ei fod o'n deall. Teimlais fy hun yn mynd yn chwys oer wrth gofio'r ofn yn y dŵr. Sut roedd o'n gwybod? Sut roedd hen, hen ŵr oedd yn treulio'i amser i gyd yn y tŷ o flaen y tân cynnes yn gwybod peth mor ddychrynllyd oedd dŵr oer yr afon?

'Oedd hi'n ddu yno?'

Gwyddwn i sicrwydd wedyn ei fod o'n deall—fel nad oedd neb arall yn deall. Ond sut? Sut yn y byd mawr y gwyddai o . . .?

Fflachiodd rhywbeth yn sydyn yn fy mhen. Dim ond rhywun fyddai wedi bod yn yr un sefyllfa'n union fyddai'n deall. Oedd Taid Max ei hun . . .

Syllai'n dreiddgar arna i.

42

Teimlais lwmp sydyn yn fy ngwddw. Fedrwn i ddim ateb. Nodiais. Nodiodd yntau.

'Dyna ddywedodd Helmut,' meddai. 'Teimlai'n well ar ôl dweud wrtha i. Fi oedd ei ffrind o, ti'n gweld. Efo fi y rhannodd o'r gyfrinach. "I beth arall y mae ffrindiau'n dda?" Dyna ddywedodd o.'

8.

Helmut? Helmut?

Dyna lle'r oeddwn i'n ceisio crafu fy mhen i feddwl pwy oedd o. Chlywais i erioed amdano fo.

Rywfodd gwyddwn yn iawn fod rhywbeth pwysig ym meddwl Taid Max. Beth yn union, wyddwn i ddim. Ond roeddwn i'n dyheu am wybod mwy. Sut? Beth fedrwn i ei wneud cyn iddo anghofio popeth a dechrau pensynnu gan syllu i'r tân yn ddiddeall drachefn?

Beth fyddai orau: dweud dim byd a gadael llonydd iddo gan obeithio y byddai'n mynd ymlaen i siarad, neu ceisio dweud neu wneud rhywbeth i brocio'i feddwl er mwyn imi gael clywed mwy? Roedd o fel chwilio am yr agoriad iawn i agor drws neu gist.

Cydiais yn dynn yng ngholer Bruno gan ddal fy ngwynt.

43

'Helmut? Pwy oedd Helmut?' gofynnais.

Ymbalfalodd Taid Max am ei ffon. Dychrynais. Doedd arna i ddim eisiau iddo ddechrau cerdded o gwmpas y lle rhag iddo syrthio a brifo ac yntau mor simsan ar ei draed. Cynhyrfodd Bruno wrth ei weld yn ceisio symud ac aeth ato gan ysgwyd ei gynffon.

'Be sy, Taid Max?' gofynnais. 'Lle 'dach chi'n mynd? Ylwch, arhoswch chi lle'r ydach chi. Ydach chi isio rhywbeth?'

'Y cloc! Dwi isio'r cloc!'

Y cloc! Doedd bosib ei fod o'n ffwndro eto? Oeddwn i wedi camddeall?

Nac oeddwn! Edrychai'n daer i gyfeiriad yr hen gloc ar y silff ben tân. Daliai ei ddwylo'n barod amdano. Felly estynnais y cloc iddo.

Wrth afael ynddo sylweddolais mor hen a bregus oedd o. Ie, o rywbeth tebyg i gardfwrdd y gwnaed o ac edrychai'r rhifau ar yr wyneb yn welw iawn. Rhai tenau, tenau oedd y bysedd. Wedi cydio ynddo sylweddolais nad oedd cefn iddo. Gwelwn y crombil a'r olwynion bach yn troi'n brysur gan gydio yn nannedd ei gilydd yn daclus. Syllais arnyn nhw am funud cyn rhoi y cloc yn nwylo Taid Max. Hen gloc mewn hen ddwylo.

'Cloc Elin. Y cloc a wnaeth Helmut i Elin fach,' meddai Taid Max â'i lais yn glir fel cloch.

44

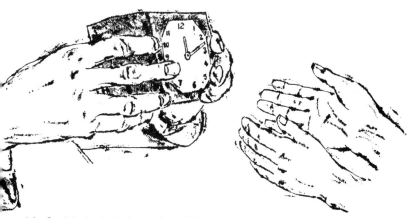

'A dwi isio iti ei gael o. Chdi a Jemma. Cofia di ei gadw fo'n saff. Wyt ti'n deall?'

Nodiais yn ddryslyd.

'Cadw fo'n saff, saff. Mae o'n . . . *werthfawr.*'

Gwthiodd y cloc i'm dwylo.

Roedd o'n dawelach wedyn. Bodlonodd ar eistedd yn ôl yn ei gadair. Camais innau'n ôl ac eistedd i lawr yn ddryslyd gan gydio yn y cloc. Gwnaeth Bruno rhyw sŵn isel yn rhywle yn ei wddw ac edrychodd arna i ac ar Taid Max a oedd bellach wedi llithro'n ôl i ryw bendwmpian â'r olwg bell freuddwydiol yn ôl ar ei wyneb. Cwynodd Bruno drachefn fel petai rhywbeth yn yr awyrgylch yn ei boeni ond wedi rhyw stwyrian am ychydig gorweddodd o flaen y tân ac o dipyn i beth swatiodd i gysgu.

Tic toc.

Syllais ar y cloc yn fy llaw. Roedd o'n hen ac roedd o'n flêr ac ôl bodio mawr ar yr wyneb meddal.

45

Gwerthfawr? Yn werth arian, llawer o arian? Doedd bosib?

Clywais yr hen lais crynedig: 'Cofia di ei gadw fo'n saff. Cadw fo'n saff, saff. Mae o'n . . .' ac wedyn y petruster, fel petai o'n chwilio am y gair iawn, cyn dweud *'werthfawr'*.

Clywais ei eiriau'n atseinio yn fy mhen. Sylweddolais mai nid *'werthfawr'* ddywedodd o. *'Ferthfafr'* ddywedodd o. Dyna sut yr ynganodd o'r gair.

Dyna pa bryd y cofiais nad oedd Taid Max ddim wedi siarad Cymraeg drwy gydol ei oes. Almaeneg oedd ei iaith gyntaf. Roedd o wedi dysgu siarad Saesneg cyn iddo orfod dod i Brydain ond pan anfonwyd o i weithio ar fferm yr Hafod y dysgodd o Gymraeg. Doedd ganddo ddim dewis, meddai Dad. Fedrai hen ŵr yr Hafod 'run gair o Saesneg. Bomiwyd cartref Taid Max yn ystod y rhyfel. Doedd neb o'i deulu ar ôl. Priododd ferch yr Hafod a dim ond yn anaml iawn y byddai neb yn cofio mai Almaenwr oedd o: pan fyddai o'n methu dweud y llythyren 'w' yn gywir neu pan fyddai o'n camddefnyddio gair oherwydd iddo ddrysu ei ystyr.

'Mae rhywun yn sylwi pan fydd o wedi blino neu wedi cynhyrfu.' Dyna glywais i Anti Megan yn ei ddweud wrth Dad rywdro. Wedi blino? Roedd o'n andros o hen. Wrth gwrs ei fod o wedi blino erbyn hyn! Wedi cynhyrfu?

O, oedd. Roedd o wedi cynhyrfu'n arw. Roedd yn ddigon hawdd gweld hynny. A hynny oherwydd fy hanes i a Jemma.

Beth oedd hanes y cloc?

Pam roedd o'n werthfawr, os mai gwerthfawr oedd y gair iawn?

Roedd yn *rhaid* imi gael gwybod.

'Taid Max! Taid Max!' meddwn i'n gyflym gan gamu at ei gadair a gafael yn ei fraich. 'Taid Max, pwy oedd Helmut? Pwy oedd Elin? Be ydi hanes y cloc?'

Ond syllu arna i â phellter mawr lond ei lygaid wnaeth Taid Max.

Beth oeddwn i'n mynd i'w wneud efo'r cloc? Roedd o wedi'i roi i mi. Ond pam? Roedd o'n dal i fynd tic toc, tic toc, yn fy nwylo. Syllais ar y cloc a syllais ar Taid Max a'i weld yn cau'i lygaid ac yn pendwmpian. Yn fuan cysgai'n drwm.

Codais ar fy nhraed. Ar unwaith agorodd Bruno ei lygaid ond pan welodd nad oeddwn i ddim am fynd o'r ystafell, caeodd nhw drachefn.

Roedd y cloc mor fregus rywfodd. Eto, roedd o'n mynd. Roedd o ar amser hefyd. Edrychai'n hen ac yn hyll, ac wrth syllu arno'n ôl yn ei le daeth rhyw deimlad rhyfedd i waelod fy mol yn rhywle. Gwyddwn ym mêr f'esgyrn rywfodd ei fod o'n bwysig i mi.

Clep. Agorwyd a chaewyd y drws cefn. Neidiodd Bruno o'i le a sgrialu i groesawu Anti Megan yn ôl. Chynhyrfodd Taid Max ddim o gwbl. Chlywodd o'r un smic mae'n rhaid. Cysgai'n drwm.

Gwelodd Anti Megan y cloc yn fy nwylo.

'Dydi o 'rioed wedi rhoi hwnna i ti? Mae ganddo fo afael mawr yn hwnnw. Y cloc! Y cloc *gwerthfawr?*'

Gwerthfawr? Yr union air . . . eto.

Doedd o ddim yn edrych yn werthfawr. Roedd o'n hen, oedd. Ond roedd o mor fregus. Sut y medrai o fod yn werthfawr? Doedd o'n edrych yn ddim byd tebyg i bethau a welais mewn siopau hen bethau. Creiriau hardd yn costio ffortiwn oedd y rheini. Hen beth diolwg, tolciog oedd hwn. Taflwyd llawer i beth tebyg a llawer i beth gwell hefyd i'r bin heb i neb feddwl ddwywaith. Roedd pethau gwell yn y bag bin du a daflwyd ar lan yr afon.

'Ydi. Mi gynhyrfodd o'n lân a mynnu imi estyn y cloc ac ar ôl imi wneud mae o wedi ei roi i mi a dydw i ddim yn deall . . .'

'Ddim yn deall pam?'

'Ie.'

Eisteddodd Anti Megan i lawr.

'Helmut oedd yn garcharor rhyfel efo fo wnaeth y cloc yna pan oedden nhw yn y gwersyll efo'i gilydd. Roedd o am ei roi o i Elin fach ar ei phen blwydd yn bump oed.

48

Merch fach mab fferm yr Hafod lle gyrrwyd Max a Helmut i weithio o wersyll y carcharorion rhyfel oedd Elin. Roedd hi'n dyheu am gael mynd i'r ysgol ond fedrai hi ddim mynd, meddai hi, nes y medrai hi ddweud faint oedd hi o'r gloch.'

''Run fath â Jemma!'

'A 'run fath â Jemma, mi syrthiodd hi i'r afon. Ond fe foddodd hi. Chafodd hi mo'i chloc a Helmut wedi ei wneud allan o'r nesaf peth i ddim o sbwriel yn y gwersyll.'

'Ond sut medrai o wneud hynny? Mae'n anodd gwneud cloc.'

'Gwneuthurwr clociau oedd ei dad o. Yn Hamburg. Roedd yntau'n brentis efo'i dad cyn cael ei orfodi i ymuno â'r awyrlu. Roedd teulu'r Hafod yn garedig iawn efo'r ddau ohonyn nhw. Yn wahanol iawn i rai teuluoedd yn yr ardal doedden nhw ddim yn eu trin fel gelynion.

Bu'r ddau yn ceisio dyfalu sut y medren nhw ddangos gymaint roedden nhw'n gwerth-fawrogi'r caredigrwydd. Yna, un noson digwyddodd Helmut sylwi ar ddarn bychan o gloc yn y dymp ar gwr y gwersyll. Aeth ag o'n ôl i'w gaban i'w drin. Treuliodd Taid Max oriau yn chwilio a chwalu drwy'r rwbel am ragor o ddarnau iddo gan fod y ddau yn gwybod y byddai cloc yn mynd yn plesio Elin fach yn fwy na dim. Byddai plesio Elin yn plesio pawb arall yn yr Hafod gan mai hi oedd yr unig blentyn ac yn gannwyll llygaid ei thad a'i mam a'i thaid a'i nain. Ond roedd Max a Helmut yn nes at ei hoed hi na'r un ohonyn nhw. Nhw fyddai'n chwarae efo hi. Nhw fyddai'n gwrando ar ei chŵyn hi. Atyn nhw y byddai hi'n mynd pan fyddai hi wedi pechu yn erbyn pawb arall.'

'Fel mae Jemma'n dod ata i! Roedden nhw fel brodyr mawr iddi.'

'Dyna ti.'

'Doedd y carcharorion ddim yn cael eu talu am eu gwaith. Felly doedd ganddyn nhw ddim arian i brynu anrhegion i neb. Felly aeth Helmut ati i wneud cloc. Bu wrthi am wythnosau. Doedd o ddim yn waith hawdd, heb y tŵls pwrpasol yng ngolau gwan y caban ar nosweithiau tywyll. Ar ôl cael y cloc i fynd y broblem fawr oedd cael cas i'w ddal. Syniad Taid Max oedd defnyddio hen focs dal siwgr. Fo ysgrifennodd y rhifau ar yr wyneb.

Dydd Sul oedd yr amser mwyaf annifyr yn y gwersyll. Doedd y carcharorion ddim yn mynd oddi yno i weithio'r diwrnod hwnnw. Roedd o'n ddiwrnod hir, diflas. Pan sylweddolodd hen ŵr yr Hafod hynny mynnodd ganiatâd i'r ddau ddod i'r Hafod i ginio a the, fel ffrindiau i'r teulu ac nid fel gweithwyr. Cerdded yno ar hyd llwybr glan yr afon ddiwrnod ei the pen blwydd hi oedden nhw pan glywon nhw hi'n sgrechian ar ôl syrthio i'r dŵr. Ond roedden nhw'n rhy hwyr i achub y beth fach. Rhoddodd Helmut y cloc i Taid Max pan aeth o'n ôl i'r Almaen. Roedd o'n ffrind da i Taid Max.'

'Ac mae o'n dal i fynd!' meddwn i mewn rhyfeddod.

Roedd y ffordd roedd o wedi ynganu'r gair yn dangos fod Taid Max wedi blino, ac roedd o wedi petruso, ond dewisodd yr union air iawn. Doeddwn i ddim yn amau hynny bellach. Roedd yr hen gloc bychan yn *werthfawr*.

Roedd o'n werth mwy o lawer nag arian.

9.

'Be 'di hwnna? Hei! Ga i weld?'

Edrychodd Mel yn hurt ar y cloc yn fy llaw a gwneud osgo i gydio ynddo.

'Gad lonydd iddo fo. Mae o'n hen.'

'Be ti'n 'neud efo hen gloc? Dydi clociau sy ddim yn mynd yn dda i ddim.'

'Mae hwn *yn* mynd.'

Wedi rhedeg i'm nôl i fynd adref ar frys oedd Mel ond roeddwn i eisoes ar fy ffordd a'r ddau ohonon ni wedi cyfarfod ar lwybr glan yr afon. Roedd y dŵr yn dal yn uchel ond doedd o ddim yn llifo mor gyflym nac yn edrych mor fudr. Roedd Bruno wedi rhuthro o'm blaen a chlywais ef yn cyfarth yn y pellter. Cyfarthiad croesawgar, clên. Gwyddwn wedyn ei fod yn adnabod pwy bynnag oedd yno.

'Mel allan yn jogio, mae'n siŵr,' meddyliais.

Mel oedd o. Ond doedd o ddim allan yn jogio chwaith. Rhuthro i chwilio amdana i oedd o. Syllais ar y dŵr heb dalu llawer o sylw i'r hyn ddywedodd o. Fe'm llygad-dynnwyd gan ymchwydd y dŵr dros y cerrig. Fedrwn i ddim troi draw i edrych ar ddim arall. Berwai bwrlwm y dŵr drwy 'nghlustiau gan fy ngorfodi i anwybyddu pob dim arall. O rywle ymhell bell i ffwrdd clywais Mel yn dweud,

'Ty'd 'laen! Brysia! Mae eisio iti fynd adre.'

Ond fedrwn i ddim symud. Fe'm hoeliwyd ar y llwybr yn cofio'r oerfel dychrynllyd a'r düwch ofnadwy.

Fedrwn i eu hanghofio byth?

Fydden nhw'n dod yn ôl fel ellyllon drwg i'm poeni bob tro yr awn ar hyd llwybr yr afon? Bob tro y clywn sŵn dŵr? Cofiais am y noson cynt. Y sŵn yn fy myddaru a'r oerfel yn fy llethu bob tro y caewn fy llygaid. Oedd hi'n mynd i fod felly am byth?

Dechreuais grynu. Sefais yn f'unfan yno gan anwybyddu Mel a Bruno'n neidio'n wyllt o'm cwmpas gan grefu am gael mynd ymlaen. Gadewai Bruno f'ochr a rhedeg ymlaen, wedyn deuai'n ôl yn edrych arna i gan obeithio cael mynd ymlaen. Roedd o'n ffyddlon iawn chwarae teg iddo. Doedd o ddim am 'ngadael i er ei fod o'n dyheu am gael rhedeg a rhedeg. Llyfodd fy llaw yn sydyn a chododd lwmp mawr yn fy ngwddw. Gwyddai'n iawn fod rhywbeth yn fy mhoeni.

'Hei, Carl! Wyt ti'n iawn?'

Edrychais ar Mel heb ddweud yr un gair.

'Ti'n llwyd,' meddai fo.

Llyncais fy mhoeri.

'Gwranda Mel . . .'

'Cofio am ddoe wnest ti?'

'Roedd arna i ofn, Mel.'

'Ofn?'

Am funud bach, dychrynais. Oedd Mel yn mynd i . . . yn mynd i chwerthin am fy mhen i? Fy ngalw i'n hen fabi a dweud fod pawb yn gwybod nad oedd yr afon fach yn ddofn siŵr iawn . . .

Edrychodd draw yn lle edrych ar fy wyneb i.

'Roedd arna i ofn hefyd,' cyfaddefodd.

'Chdi?'

'Wel ie. Mi est ti o'r golwg o dan y dŵr am funud bach. Roeddwn i'n meddwl dy fod ti wedi boddi.'

'O!'

'Ac os oedd arna i ofn dwi'n siŵr dy fod ti wedi dychryn mwy.'

'Wel . . .'

Roeddwn i'n ddistaw iawn am funud.

'Gwranda, Mel,' meddwn i'n sydyn. 'Wnei di ddim dweud wrth neb, na wnei . . .'

53

'Na wna siŵr iawn. 'Dan ni'n ffrindiau yn tydan? Dydi ffrindiau ddim yn bradychu cyfrinachau.'

'Ofn cysgu oeddwn i.'

'Ofn cysgu?'

'Bob tro'r oeddwn i'n cau fy llygaid roedd yr hen ddüwch ofnadwy yna'n cau amdana i ac roeddwn i'n clywed rhuo'r dŵr yn fy nghlustiau.'

'Dwi'n synnu dim. Dwi'n siŵr mai felly y byddwn innau hefyd. Ond hitia befo. Mi anghofi di cyn bo hir 'sti.'

Gobeithio ei fod o'n iawn, meddyliais.

'Gwranda,' meddai Mel gan droi'r stori'n sydyn. 'Mae'n rhaid inni frysio. Maen nhw'n aros amdanon ni.'

Nhw?

Criw teledu. Roedden nhw eisiau ffilmio Jemma a fi ar lan yr afon a recordio Mel a fi'n dweud yr hanes.

'Hei! Lle wyt ti'n mynd?' galwodd Mel arna i pan drois fy nghefn arnyn nhw i gyd am funud.

'Fydda i ddim yn hir,' addewais a rhedeg i'r tŷ i gadw'r cloc yn ddiogel.

Hen strach oedd y ffilmio. Fe wnes i fy ngorau i geisio gwneud popeth yn union fel roedden nhw'n dweud ac i egluro beth ddigwyddodd inni ac fe fedrais i wneud pob peth yn iawn oherwydd wedi dweud y gyfrinach wrth fy ffrind, Mel, teimlwn yn well

54

o lawer. Doedd yr hen ofn yna ddim yn stwmp ar fy stumog mwyach. Ond drwy gydol yr adeg roeddwn i'n dyheu am iddyn nhw orffen er mwyn imi gael dweud hanes y cloc wrtho fo hefyd.

Teitlau eraill yng Nghyfres Cled: